JN439837

Park Man-Jin

시인 박만진

오이가 예쁘다

박만진 시집

오이가 예쁘다

Poetics 시학

■ 시인의 말

몸의 옷,
마음의 옷을
발가벗은 것처럼 부끄럽다.
38 철조망의 동티인 양
허리가 아픈,
아직 가보지 못한 길을
찾지 못했다
곤충들의 소리 뜻이며
새들의 지저귀는 노랫말이며
짐승들의 말귀에 밝아
번역을 하고
통역을 하는,
그런 일로
밥벌이를 하고 싶다.

차 례

오이가 예쁘다

샘물에 들다

도비산에 깃들인 돌들이
모두 하늘로 불끈 솟아
날아오르려 퍼덕이고 있네
천수만 먼 천 리 길
도래지를 찾은 운수 행각의 철새들
지친 날개의 힘 다시 추스르고
푸른 솔숲과 하늘빛에
마음의 봉우리 높아져
문득 떠오른 부석사,
무애撫愛 자재自在한 숨 고르며
쓸쓸한 바람 속을
홀로 왔다 홀로 가는 길손이
석천암 맑은 샘물에 들어
저 망망대해를
다 들이켜고 있네

흐르는 물거울

가야산은 산기슭에 숨은 듯 감춘
폐사된 보원사지를 허허로이 비우고
좌탈입망坐脫立亡하듯 만산홍엽 떨구며
잘 익은 가을을 떠나보낼 채비와
제 몸에 품고 있던 물까지
꾸륵꾸륵 마저 다 토해 내고 있었네
옛 영화 아무 흔적도 없고
시작과 끝, 흥망과 성쇠가
너무도 분명한 절대 풍경에
석물石物만 상처이듯 유적으로 남아
한 물결이 만 물결을 따른다고
강당골 계곡 굽어 흐르며
산 그림자 낮추어 물 위를 건너는 햇살에게
육전六錢 소설 이야기 조調로 말씀 이르고
우뚝 선 암벽에 돋을새김한
웅숭깊은 서산용현리마애여래삼존상께서도
폐사지, 그 향내 나는 상처
흐르는 물거울에 살짝 비추어
백제의 미소 푸르고 맑게 씻으시네

땡볕 아래

1

흰 양말 키높이 구두의
그림자를 끌고
어디를 가든
지평선,
수평선을 넘지 못했다

2

젊디젊다고
함부로 고추를 놀리지 마라
나이 들어
저런 꼴이라니,
내 몸이 없는
내 바지가
빨랫줄 빨래집게에
덜미
잡혀
거꾸로 매달린 채
벌을 서고 있다

장군 나무

세월을 이기는 장사가 없다고 하는데
지금 마침 그 세월과 싸우는
용감무쌍한 장수가 있어
한동안 넋 놓고 물끄러미 지켜볼 참이네
나 비록 갑옷을 입어 본 적은 없으나
저 옷이 얼마나 버거울까 생각해 본 적 있네
마치 승천昇天하는 용의 비늘 같은
검붉은 갑옷을 입은 소나무들이
뫼라는 이름을 텃밭처럼 지키며
초록 바늘잎 수만 개씩을 품고 저마다 푸르네
양 가지가 잘려 나간 깊은 상처를 보아
영락없이 투구의 뿔 아닌가
솔방울이 바로 하늘사다리의 열매인 것을
끈적끈적한 송진이야말로
혈흔血痕이라는 사실을 미처 깨닫지 못했네
소나무들이 검붉은 갑옷을 입고
멍군과 싸우는 장군 나무가 되어
오로지 울울창창한 숲의 나라를 펼치다가

천 년에 이르도록 살 수는 없겠지만
무릎쓰고 수백 년을 살 수 있을 것이네

내가 처음으로 찾은 산은

내가 처음으로 찾은 산은
결코 낯설지가 않았다
주춧돌 바위들이랑
기둥감의 소나무들로 하여금
나름대로 푸른 집을 지어
풍족한 세월을 보내고 있었다
숲 속에 텃새들을 놓아기르며
철새들을 손님으로 맞기도 한다
팔색조 한 마리 언뜻 보았고
딱따구리 소리 멀리 들었다
솔새인가 가까이 살폈더니
휘파람새 휘파람 분다
다람쥐, 산토끼, 오소리, 고라니들을
사위四圍에 놓아기르는 산은
언제부터인지 청설모로 하여금
머루, 다래, 도토리, 쥐밤 등이
도무지 남아나지 않아
기슭이 으슬으슬 춥고

봉우리가 지근지근 아프기도 하다
결코 낯설지가 않았다
내가 처음으로 찾은 산은
여느 산과 마찬가지로
호젓한 산길을 열어 놓았고
양지 녘 몇 봉분에
죽은 자들이 잠들어 있다

안면도 소나무

우리나라 산에 소나무가 없다면
그 밖의 세상 나무들이
서로 우리나라 산을 차지하려고
얼마나 자리다툼이 치열할 것인가
가을바람에 우수수 낙엽 지곤 하는
넓은잎나무 마지막 잎새의
쓸쓸한 풍경이며 민둥산이며
불과 머리숱 백여 개 안팎인
어느 대머리의 불빛 그림자며
희끗희끗한 는개인지
하루살이 같은 저녁 눈인지
더불어 생각이 차츰 어둡다
바위도 바위이기를 거부하고
숲도 숲이기를 거부할지니
아카시아나무 아카시아 세상을 꽃피우고자
씨앗과 가시의 고약한 심보를 퍼뜨리며
뿌리 또한 얼마나 극성일 것인가
(소나무가 없는 대한민국 산이라?)

어쩌면 심심파적 상상을 즐기며
우리나라 구름 무심코 흘러가고
우리나라 꿩 푸드득 날아가고
우리나라 다람쥐 쪼르르 달려가고
산업 스파이처럼 기웃거리던
청설모 한 마리 잽싸게 사라지는 것을
안면도 산에 소나무가 없다면
안면도는 안면도가 아니고
우리나라 산에 소나무가 없다면
산은 이미 산이 아니라고
스산한 세상 이치가
체머리를 흔들기 시작할지 모른다

구름 모자

어릴 때 아망위 모자 써 본 적 있다
하얀 토끼털 귀막이 해 본 적 있다

어제 저녁나절에 봉우리 산봉우리들이
구름 모자를 깊숙이 눌러 쓰는가 싶더니

오늘 이른 아침은 안개 자욱하여
성당의 종소리를 깨우친 산들이 미사를 올리고
스님의 독경 소리를 깨우친 산들이 참선 중이다

고요 애비 참 고요하다
고요 새끼 참 고요하다

안개 걷히면 세상 드러날,
십중팔구 대머리들이 모자를 쓰고 다닐 것이다

만일 내가 대머리라면
반지레한 대머리 얼굴에

밀크 로션을 살짝 바르고

모자, 모자, 구름 모자를
강바람에 바닷바람에 날려 보내리라

따듯한 슬픔과 기쁨이 반짝이며
정력이 넘친다는 대머리,
바야흐로 나 대머리로 빛나고 싶다

불빛 속에서

붉은 해가 하루의 얼굴이라면
날씨는 그날의 마음씨네
여자와 날씨는 일맥상통하네
따뜻한 마음씨와 사귄 적 있고
쌀쌀한 마음씨와 사귄 적 있네
고운 마음씨와 지내기도 했고
궂은 마음씨와 지내기도 했네
시나브로 여닫는 구름,
하늘은 땅에 비하여
상상하기 어려운 부자이기 때문
너나없이 다음 세상에
하늘에 오를 것을 소망하네
지구촌이야 넓고 넓은
바다를 소유하고 있다고는 하지만
언제나 부족한 것이 너무 많아
해와 달, 뭇 별이 반짝이는
하늘에 견줄 바가 못 되고
살아 있는 동안에

비행기 한번 타 보는 것을 소원하는
조촘거리는 사람들 세상,
그 고스란한 불빛 속에서
하늘과 땅이라는 말뜻에
마음이 부자라는 곁말이
나사못 하나 은빛 죄고 있네

도비산 · 1

우리 집 마당은 하늘이 넓어
천수만을 찾는 겨울 철새들이
ㅅ자로 날아간다

무심코 흰 구름을 바라보다가
ㅅ자를 슬그머니
사람人 자로 고쳐 읽는다

오로지 창조주가 주인인 겨울 철새,

간월호에서
부남호에서
느긋하게 목욕을 즐기는 장관을 보아

어디서 오고
어디로 갈 것이냐고 묻지 마라

뜨는 해 마중하는 동사東寺가

지는 해 배웅하는 부석사浮石寺가
저기 섬인 듯한, 저 산에 있다

날고 싶어 하는 바람이야
어찌 붓날리는 사람뿐이랴

날고자 하는 숲이
날고자 하는 돌이
저기 산인 듯한, 저 섬에 있다

도비산 · 2

저기 저 산 한눈에 들어온다
저기 저 산 나 늘 흠모한다
생각의 솔잎들 푸르기는 하지만
하늘처럼 높은 것도 아니고
바다처럼 넓은 것도 아니다
저기 저 산 뭉게구름 떠 있다
저기 저 산 바다가 배경이다
들물 날물 서해 천수만은
섬이 산이고 산이 섬이다
나 서산 토박이라서 잘 안다
보지 않고도 보이지 않아도 다 안다
저기 저 산 예부터 부석사 있다
수도사 있고 백운사 있고
동사가 있고 석천사가 있다
스님 누군가가 도선사를 짓고 있다
수도사 주지스님 비구니다
백운사 주지스님 비구니다
저기 저 산 욕심도 참 많다

산 하나에 절 하나면 됐지, 라고
푸념하며 투덜거리며
절 없는 산 정말 배 아프겠다
절 없는 산 구구구-국 산비둘기 울겠다
저기 저 산 푸르른 나무들은
붓다의 말씀 죄다 깨우쳤겠다
생각의 솔잎들 벌레 먹지 않았다
어느 날 문득 새벽어둠 깨우는
목탁 소리, 염불 소리에
까치발 선 돌 모두 날 수 있겠다

혼잣말을 밝히다

나무들에게 잠자는 시간이
어디 따로 정해져 있겠어요
시나브로 바람 잘 때에
더불어 잠이 들 뿐이지요
계절의 흰 수염 억새꽃 나부끼는
호젓한 어느 산길에 이르러
산 아래에서 반나절을
쌘구름과 함께 지켜보니
오고 가는 이 아무도 없던데요
나무꾼도 밀렵꾼도
산불 감시원도 없고
등산객조차 볼 수가 없던데요
동박새의 귀띔을 들으니
허리 굽은 몇몇 소나무들이
아무도 모르게 잠깐잠깐
곧추서려는 까치걸음 연습에
송진 땀을 흘리며
바알간 솔잎을

우수수 쏟뜨리기도 한다는데요
은행나무 녹색 암꽃
이며 황색 수꽃조차
한 번도 본 적이 없는 내가
어찌어찌 궁금증을 풀어 보려고
중얼거리는 혼잣말이야말로
하늘이 알고
땅이 알고 있는 일인데요

수양버들

달밤 달빛이 하 아까워 잠 못 이룬 그 다음날이네 안개 자욱하고 꿈인지 생시인지는 잘 모르겠지만 세월이란 마을에 이르니 낯설기도 하면서 마냥 낯설지가 않았네 이승이라고도 하고 저승이라고도 하는데 안개 걷히니 빛나는 날씨였네 시냇물 흐르고 새 노래하고 꽃이 웃는가 하면 바람도 알맞게 불었네 목월 시인의 「나그네」를 흥얼거리며 구름에 달 가듯이 길을 가고 있는데 여보게, 길손! 하고 불러 세우는 이가 있어 뒤돌아보니 수양버들이 왕골로 짠 방석을 내주며 세상 얘기나 잠깐 나누자고 하네 처음부터 대뜸 자네라고 말을 놓으며 혹시 조선 시대 수양 어르신을 아느냐고 넌지시 물어 오네 티브이 드라마에서 몇 차례 보긴 했어도 수양대군이 세조라는 것뿐 깊이 아는 바가 없다고 얼버무려 대답하니 손가락 빗질로 긴 머리칼을 쓸어 넘기며 참 싱거운 사람 다 보겠다고 껄껄 웃어 젖히고 나서는 밥벌이가 아니라 취미로 관상을 좀 볼 줄 안다고 떠벌리네 일찍이 아버지를 여의고 고생 참 많이 했겠다고 덥석 손을 잡으며 다짜고짜로 수양아들이 되어 함께 살자고 하네 도대체 내 나이가 몇인 줄 알고 새파란 녀석이 수양아버지 노릇을 하겠다고 하느냐라고 냉큼 똥침을 놓듯이 핀잔을 주니, 그렇다면 자기를 수양아들로 삼아 함께 살면 되지 않느냐고 굳이 조르는 것이네

모자의 주인

못도 머리가 있다
아니, 머리가 아니라 대가리다
가끔가다간
메뚜기이듯 방아깨비이듯
폴짝 뛰어
풀숲으로 사라지기도 한다
오호라! 대가리, 대가리,
곧듣던 대가리들아
몇 번쯤은
망치의 말씀을 거부하라
꼭두새벽 등산을 해 온
내 모자, 방금
산에서 내려온 모자를 벗어
바람벽에 붙이며
생각을 갸울이니
둥근머리못 대가리가
나보다 내 모자를
훨씬 더 많이 쓰고는

멀지 않은 날에
모자의 주인이 내가 아니라
꽃무늬 바람벽의
자기라 할 것 같다

축구공은 구멍이다

축구공은 구멍이다
튀어 오르고
굴러다니고
뻥, 하고 하늘 높이 치솟았다가
운동장에 다시
떨어지기도 하는

구멍이 오늘이라면
오늘이 축구공이라면
너도 나도
박지성이가 되어
박주영이가 되어

굴러다니고
튀어 오르는 축구공을
구멍을
부지런히 몰고 다니다가
뻥, 하고 하늘 높이 띄우다가

저녁노을 속으로
슛 골인, 골인시키자

구멍이다, 축구공은

바람 불고 비 오니

바람 불고 비 오니
오늘 지붕이 우산이다

세상 온통 빗금으로
도저히 벗어날 수가 없구나

내 방은 고즈넉한 감옥
빗금 또한 창살인 것을

창밖 대추나무 가지에
사춘기의 젖꼭지들이
오들오들 떨고 있어라

하루 중에 3분지 1이
어차피 소경이 아니더냐

티브이 푹 쉬게 하리라
시집 마냥 자게 하리라

온종일 소경 노릇도
그럴싸하니 좋을 듯싶다

애벌 슬픔에 가위눌려
뜬금없이 개꿈 개헤엄이라

불빛이여 흐느적거리며
칡넝쿨이여 낭창거리며
내 발목의 자유를 친친 묶지 마라

하늘에 계신 우리 아버지
회초리를 들고 계신,

참 두려운 날씨 밖으로
도저히 벗어날 수가 없구나

바람 불고 비 오니
오늘 지붕이 고래등 같다

바퀴론論

사람의, 람의
ㅁ은
바람 없는 바퀴네

슬픈 바람 넣어
팽팽하니
슬픈 사랑이네

기쁜 바람 넣어
팽팽하니
기쁜 사랑이네

흰 구름인 듯
날 바라보는
흰 염소 한 마리 보아

사람을 한 글자로
줄인 것이

삶이 아닌가

사랑의, 랑의
ㅇ은
바람 가득한 바퀴네

바람 쐬러

바람 쐬러 청계천 가다
그 처음 이름은 개천,
개천에서 정말 용 났을까
용 가는데 구름 갔을까
게딱지 같은 판잣집
연기처럼 모두 사라지고
사람의 물결 차량의 물결이
흐르며 흐르지 못하며
지옥을 앓더니만
결국은 무기징역을 선고 받은
썩은 물의 감옥이더니
그예 개천 열려야 한다고
석방이듯 해방이듯
드디어 비로소 열린 청계,
청계 맑은 물소리에 젖으며
정조반차도를 읽곤
소망의 벽을 갸웃거리고
조선의 빨래터에서

마음의 빨래를 헹구다가
오리도 보고 잉어도 보다

—청계천 바람 쐬러 가다

마음 빨래를 하다

청계천에 능수버들이
잘 어우러진
빨래터가 있어 천만다행이다
청계천 빨래터에서
절대로 빨래를 해서는
안 된다는 것 뻔히 안다
더구나 살곶다리 아래에서
중랑천과 만나
한강으로 흐르고 흐르는,
하 맑은 청계 맑은 물소리에
눈치가 빠른,
귀가 밝은 사람들은
이미 벌써 뻔히 안다
그 얼비치는 해맑은 바닥의
버들치 피라미 송사리이듯
참뜻 환히 헤아릴 수가 있다
청계천 빨래터에서
빨래를 해서는

절대로 안 된다는 것
그러나 마음의 빨래,
가슴속 얼룩을 지우는
마음의 빨래만큼은
모두들 살짝 눈감아 준다
청둥오리 백로 황조롱이조차
애써 모르는 체 딴청 부린다
지금 나는 거품 잘 나고
때 잘 빠지는
그리움표 빨랫비누로
마음 빨래를 하며 기꺼워하느니
청계천에 매자기 꽃창포
갯버들이 잘 어우러진
버들습지가 있어 천만다행이다

개울과 강과 바다

기를 쓰고 피는 꽃 못 보았고
억지로 흐르는 물 보지 못했다
개울물이 흘러 강에 이르고
강물은 마침내 바다가 된다
개울과 강과 바다는
서로 다른 몸이 아니라 한 몸이다
개울은 강의 윗도리며
바다는 강의 아랫도리다
강이 개울물을 받아들이니
제가 저를 받아들이는 것이요
강물이 바다로 흘러가니
제가 저한테로 흘러가는 것이다

뚝섬에서

학창 시절 헤엄을 쳐
강을 건너던 뚝섬,
여기가 바로 뚝섬인가
미루나무 군락이며
양파, 호박, 무, 배추밭은
모두 어디로 갔는가
첫사랑이 될 뻔도 한
양 갈래 머리 소녀,
그녀 지금 어디 사는가
강나루 건너서
룰루랄라 손잡고 찾아가던
그 절이 지금도 있는가
위치도 그렇고
안개 속 같은 절 이름조차
어쩌면 생각나지 않는가
먼 불빛이 먼 불빛을
애틋해하며
지나온 길이
너무 멀어 아득한가

이 가을에

당신은 이 가을에
뭐 잃어버린 것이 없으십니까?
메시지가 담긴 휴대폰,
신용카드가 꽂힌 지갑,
승용차 열쇠는 아니겠지요
애틋한 사랑,
고즈넉한 행복,
슬픔 또는 노여움도 아니겠지요
외로움이란 놈
정말 무서운 놈입니다
그리움이란 년
정말 무서운 년입니다
당신은 애당초부터
의미를 새긴 반지며
금딱지라 일컫는 손목시계를
거추장스러운 장식쯤으로 여겼습니다
귀뚜리가 무엇인가를
알려 주는 것만 같은데

영 알아들을 수가 없습니다
세상만사에 좀 어둡다고
제발 한숨짓지 마십시오
오로지 내가 당신이고
당신이 내가 분명하거늘
이 가을에 나는
나를 잃어버리고
내가 나를 찾고 있습니다

저 세월의 호수에

1

하릴없는 세월에

? 는 낚싯바늘이다

, 는 미끼다

! 는 낚시찌다

붓날리는 세월에

2

자물쇠가 그리움에

자물쇠가 외로움에

문빗장 가로지른

녹슨 자물쇠가

그래, 열쇠!

열쇠를 어디에 뒀지?

3

이 문장의 호수에

낚시찌가 ! 다

미끼가 , 다

낚싯바늘이 ? 다

저 세월의 호수에

! 의 열쇠를 찾아

세상이 내게 어둠이듯
뿌리를 내리고 있고

언제나 궁금증에
? 란 자물쇠가 있어

! 의 열쇠를 찾아
반드시 열어야 할

지나온 생의 마디마디가
대나무 마디 같기는 하지만

대나무처럼 곧다거나
푸르다는 것이 아니고

궁금증을 말하라 하면
? 를 그려 놓고 콧노래를

내가 세상에 강물이듯
뿌리를 내리고 있고

언제나 호기심에
? 란 자물쇠가 있어

내 몸에 ! 하나

충남교통 서울행 고속버스 17번 빈자리 옆 18번 좌석에 앉아 있네 고속버스 관광버스 두 대 앞세우고 서산 IC에서 서해안고속도로에 들어설 차례를 기다리네 스포츠머리 운전기사가 티브이 채널을 부산 사직구장에 고정시키자 들썽거리는 관객들 울긋불긋하고 야구경기가 한창이네 3회 초 롯데자이언츠 투수가 귓불을 만지작거리는 시늉으로 포수에게 사인을 보내네 어쩌면 귀, 그렇게도 ? 를 쏙 빼닮았네 갸웃거리던 한화이글스 4번 타자가 가늠하듯 야구 방망이를 몇 차례 휘둘러 보아, 어떠한 변화구도 받아 칠 태세네 그래, 야구 방망이가 ! 네 공을 때리는 바로 그 순간에 ! 는 안타인지 파울인지 홈런인지 느낄 수가 있네 티브이 화면 잠깐 정지되고, 내 호주머니에서 손전화 벨이 울리네 느긋한 친구의 목소리가 오는 일요일에 낚시질을 가자는 꾐이네 낚시? 좋지, 낚시는 역시 민물낚시라야 품이 제격이네 모내기를 끝낸 무논 들녘이듯 어른거리는 서산시 음암면 성암저수지, 소금쟁이 같은 물벌레 한 마리가 동그라미를 그리다가 사라지는 잔잔한 수면

위에 낚시찌가 ! 네 시퍼렇게 눈 뜨고 계신 낚싯바늘을 모르고 지렁이 미끼만을 보고 달려드는 물고기들이 붕어인지 잉어인지 송사리인지 피라미 입질인지 다 알 수가 있네 야구 경기는 연장전까지 가야 할 모양으로 9회 말 3대 3 무승부에 계속되고 강남고속터미널에 고속버스 스르르 도착하네 부랴부랴 화장실을 찾아 소피를 보다가 스스러운 여인의 서울 말씨이듯 눈높이에서 속삭이는 글을 읽네 '가까이 오세요!' 그 뜻, 소피를 보되 ! 겨냥을 잘하라는 말이겠네 내 몸에 ! 하나 매달려 있는 것을 문득 깨닫네

오이가 예쁘다

노오란 호박꽃 옆에 노오란 오이꽃 예쁘다
호박꽃이 들으면 서운해 할지 모르겠지만
오이꽃 작아 예쁘고 작은 꽃이 솔직히 귀엽다
매미 사납게 운다 감나무 가지에 깃들어
잠을 자던 바람이 자칫 건드려 울려 놓은 게다
귀가 슬픈 것이 아니라 아픈,
목소리가 큰 사람이 말싸움에서 승기를 잡는,
세상 모든 이치가 그렇고 그런 것이다
감나무의 꽃이 감나무의 웃음이라면
덩굴 풀의 꽃이 덩굴 풀의 웃음이겠다
절대로 울지 않는 울지 못하는
노오란 호박꽃 옆에 노오란 오이꽃 귀엽다
제철에 벌 나비가 찾아오지 않아
호박꽃은 거지반 애호박을 맺지 못하지만
오이꽃은 깜냥대로 애오이를 낳는다
노오란 호박꽃 한 송이 한 송이
황소들의 목에 종으로 달아 주면 좋겠다
노오란 오이꽃 한 송이 한 송이

소녀들의 머리핀 꽃으로 꽂아 주면 좋겠다
애오이 벌써부터 아기 가시가 돋기 시작한다
오이꽃 예쁘니 오이도 예쁘다 소리 듣겠다

여왕꽃

저것 봐! 땅 위를 기어가는
덩굴 덩굴손 보아,
덩굴에 호박꽃 피네

종소리, 종소리, 금빛
오로지 꽃잎 꽃잎들만이
하늘하늘 알아들을 수가 있네

호박꽃이 꽃종이지
호박꽃이 금종이지
호박꽃이 금꽃이지

신라 선덕여왕께서도
금관을 증표로
27대 왕위를 물려받으셨네

그제 작달비 내리니

무성한 잎사귀들
호박꽃의 우산이더니

오늘 뙤약볕 내리니
검푸른 잎사귀들
호박꽃의 양산이 되네

호박꽃은 금꽃이지
금꽃은 여왕꽃이지
여왕꽃은 호박꽃이지

무화과나무 · 1

무화과나무에 혹이 주렁주렁 달려 있어

도깨비방망이를 가진 도깨비들이 저 혹을 정말 좋아하는지

개구쟁이 동네 꼬마둥이들이

실성한 비렁뱅이인 줄 알고 몇 차례나 돌멩이질을 해 댔는지

넓은 앞마당 정원을 두고 짐짓 뒤란에서 춤을 추는지

모질고 사나운 시어머니 잔소리가

간장 된장 고추장 항아리를 일일이 시퍼렇게 참견하는지

볼 터져라 눈 흘기는 상추쌈 노릇도 못하는 주제꼴에

깊은 밤이면 무화과나무, 왜 자꾸

바로 뒷집 창문으로 젊은 부부 잠자리를 얼씬거리는지

무화과나무 · 2

뒤란 무화과나무 가지에서
무화과 몇 개 따려다가
하늘의 저녁 입술 노을을 보네
붉다와 아름답다의 햇덧,
내게 무슨 말씀을 하시려는가
꽃이 없이 열매를 맺는다고
무화과라 이름 붙여 이른 것은
거울 속 누군가의 눈물이 흠모하는
그믐달 아니면
초승달의 잘못이네
문득 입맞춤이 하고 싶다는 생각에
어둠이 깔리고
불이 켜지겠네
무르익을 대로 무르익으면
시간의 자궁처럼 벌어지는
무화과 그 속에 활짝 핀 꽃이 있네
꿀맛의 꿀이 넘치고
정녕 마술사의 마술 아니니

해종일 잉잉거리던
꿀벌 몇 마리의 오늘 하루가
좋이 이해도 되는 것이네

오줌이란 놈!

이름 한 번 부르지 않고
팔 한 번 흔들어 보지 않고
마냥 죽어 자던 단잠을
그리 쉬이 깨우는 녀석이 있다니

새벽 4시에서 5시 사이에
깊은 잠을 꼭 깨우는
오줌이란 놈,

어젯저녁 좀 늦은 술자리 때문인가
터질 것만 같은 오줌보에
불을 켜고 벽시계 보아
아직 밤 2시 30분인 것이다

옴치며 뛰는 개구리,
그 개구리 옷을 걸쳐 입은
개구리참외의 미쁜 단맛을
짐짓 둘러대지 않겠다

어느 문중의 내력이 있을 성싶은
오줌이란 놈,
새벽잠을 설치게 만든
놈은 분명 서서 누는 놈이니
수컷, 틀림없는 수컷이다

아무튼 수컷의 주인인 나는
털끝 하나 건드리지 않았는데
어둠 속 귀뚜라미는
왜 자꾸 우는 것인가

시의 똥을 누다

변비로 고생을 해 본 사람들은
그 어려움을 잘 알고 있으리라
열려라, 참깨! 주문이라도 외우고 싶은
변비도 참 무서운 병이다
분명 뱃속 어디에서 똬리를 틀고 있을
마냥 점잔을 빼는 변, 그래 똥!
제발 덕분에 똬리를 풀고
용감무쌍한 대가리 번쩍 쳐들고
나와라, 나와, 비손하듯
끙끙거리는 짓도 정말 죽을 맛이다
산모가 아이를 낳을 때에
산파의 도움을 받는 것처럼
정말 애꿎은 변비 또한
대변인大便人의 도움을 받을 수 있다면
얼마나 좋을까 생각해 본 적 있다
대변인大便人과 대변인代辯人은
서로 동격으로 일맥상통하다
우왕좌왕 모양새는 아니지만

우향우 좌향좌 줄서기 하는 정치판에
말씀의 똥을 누는 대변인이 있다
똥의 말씀을 누는 대변인이 있다
선거철만 되면 국민의
머슴이 되겠다고 하는 이가 있으니
종이 되겠다고 하는 이가 있으니
심부름꾼이 되겠다고 하는 이가 있으니
외양간 황소가 다 웃을 일 아닌가
신바람 나는 정치 운운은
존경하는 국민 여러분이 아니라
바로 저희들 얘기인 것이다
벼르고 별러 끙끙거리던
말씀의 똥을, 똥의 말씀을 누고 나니
초록빛 들녘이 바다처럼 드넓은 것을
너나없이 어눌한 말씀의 똥을
똥의 말씀을 눌 수가 없다면
그 하루하루가 얼마나 더부룩할 것인가

귀뚜라미 시학詩學

사람들 가운데 시인이 존재하듯이
애오라지 곤충 가운데 시를 짓고
시를 읊는 시 곤충을 일컫는다면
가을 어디쯤에서 만날 수 있겠네
작은 연못에 동그라미를 그리는 소금쟁이일 리가 없네
쇠똥 굴려 쇠똥 공을 굴리는 쇠똥구리일 리가 없네
반딧불이도 아니고
장수하늘소일 리도 없네
오동나무 느티나무에
죽자 살자 매달려 울음바다를 펼치는
울음의 왕이라는 매미도 아니네
귀뚜라미 종종 내 시의 풀숲을 헤치고 찾아오는데
시인인 내가 시 곤충인 귀뚜라미를
까맣게 모르고 알아보지 못한다면
귀뚜라미들이 얼마나 서운해 할 것인가
반짝이는 밤하늘은 하느님의 시집이네
북두칠성과 은하수를 우러르며

어둡고 춥고 쓸쓸한 귀뚜라미들,
또렷 또렷이 자작시를 읊네
시인인 나는 귀뚜라미 가슴 한 번 적시지 못하는데
귀뚜라미가 즈음 내 심금을 절절이 뜯고 있네

새벽 귀뚜라미

귀뚜라미 울음소리에 맞춰
시계 처음 초침은 째깍거렸으리라

풀숲 이슬에 젖은 새벽 귀뚜라미,

—뭐 그리 바쁜 것인가?
—무엇에 놀란 것인가?
—무엇에 쫓기는 것인가?
—무엇을 말하는 것인가?
—무엇을 알리는 것인가?

결코 어둡지 않은 내 귀가
이렇듯 쓸모가 없을 줄이야

혹시 다음 이 세상을 살게 된다면
시를 짓는 일과 더불어
곤충들의 소리 뜻이며
새들의 지저귀는 노랫말이며

짐승들의 말귀에 밝아

번역을 하고
통역을 하는
그런 일로 밥벌이를 하고 싶구나

일찍이 저 세상에 계신 울 엄니
그래, 돌아가셨으니 돌아오리라

고흐 생각

귀뚜라미에 관한 시를
몇 편인가 썼더니
이즈음 귀뚜라미가
내 몸의 귀가 아니라
내 마음의 귀에
귀뚤귀뚤 울어 댄다

그것 참 미치고
환장할 노릇으로,

이제까지 나 언제 한 번
저토록 울어 본 적 없지만
앞선 뭇 울음을 새기며
소리소리 반짝이는
캄캄 절벽 앞에서
눈물이 골짝 날 것만 같아

내 마음의 왼쪽 귀를

싹둑 자르고

지그시 눈을 감고

피를 흘리고 있다

책책 책 쌓다

책 속에 길이 있다고 하더니
눈 씻고 찾아도 길은 보이지 않고
무 씨앗 같기도 하고
배추 씨앗 같기도 한 글씨와
하얀 어둠만이 자욱하다
지금 이 작은 도시마저 길을 접어
계단을 만든 아파트가 숲이다
들썽거리는 거개의 사람들이
책을 펴자마자 하품이 나고
졸음이 몰려온다는 까닭 알겠다
하얀 어둠을 먹고 사는
글씨가 곧 글의 씨앗이고
책 속에 해우소解憂所 있어
몸 문을 열고 뒤를 보는 일은
오줌이 마침표인 것이다
방언과 표준어의 뜻을 밝히는
불빛 그림자에 책 책책 쌓아 놓고
책을 보다, 책과 씨름하다, 라는 말은

몸의 눈이 글을 읽고
마음의 눈이 글을 먹는 일이거늘
우리 어찌 풋감을,
설익은 밥을 먹을 수 있겠는가

생선 좌판

1

서산 동부시장 저자마당 생선 좌판에
한 손씩 짝을 이룬 자반고등어,
가자미들은 가자미눈을 흘겨 뜨고
굴비 오른쪽으로 즐번하게 누워 있고
서대기 왼쪽으로 즐비하게 누워 있다

2

—이놈들은 한 손에 육천 원이구,
　이놈들은 세 마리에 만 원이구,
　이놈들은 열 마리에 오천 원이구,
　이놈들은 다섯 마리에 만 원이구,

—할메! 그럼, 저년들은 얼마유?

3

—홍정은 붙이구 싸움은 말리래유

—아지메 떡두 싸야 사지유

—생선을 보구 떡 얘기는 왜 혀?

4

할머니 막걸리 한잔 자신 듯
노을빛처럼 곱다, 아직 곱다
아들 하나는 변호사이고
아들 또 하나는 의사이고
딸 셋도 출가하여 잘 살고 있다
이제 그만 장사를 접으셔도 되지 않느냐고
은근슬쩍 물으니
저자마당 생선 좌판으로
자식들 다섯을 입히고 먹이고
줄줄이 대학까지 가르쳐 결혼까지 시켰는데
녀석들은 아직까지
당신 입 하나 건사하지 못한다며
웃으시는 모습이 곱다, 참 곱다

혹시 또 누구

3량과 4량 문 열렸다 닫히고
승객들도 듬성긋하고
지금 참 한가로운 시간대에
전동차 안을 둘러보니
어림잡아 7할이
풀을 바른 편지 봉투이듯
눈을 붙이고 있다
마치 꿈나라 집배원인 양
진짜 장님 하나
조그만 하모니카 불며
빈 바구니 들고 지나가고
3할의 승객들조차
신문을 보거나
옆 사람의 신문을 넘겨다보거나
잡담을 나누거나
이런저런 생각을 궁굴리며
애써 외면하여 태연하다
언제나 북적북적한

특별시 서울에서는
지금 이 한가로운 전동차 안이
어느 아늑한 찻집보다도
한층 더 편안한 것을,
혹시 나 말고 또 누구
느슨하게 즐기는 이 있을까

우짜면

똥침을 맞아 본 적이 있다
똥침을 놔 본 적이 있다
경기도 고양시에 가면
똥침을 놓는 조각상이 있다더라
번개같이 일침을 노려
내게 똥침을 놓던
내가 똥침을 놓던
어릴 때 친구들 어디서 무얼 하며
어떻게 살고 있을까
우동과 짜장 중에서
무얼 주문할까 망설이다가
우동과 짜장을 따로따로 시켜
나눠 먹던 그 친구 이름도
까맣게 잊고 있었는데
티브이에서 잠깐 보니
경상남도 통영시에 가면
우짜면을 파는 반점이 있다더라
우동과 짜장의 짬뽕,

우짜면은

우짜면 좋노의

경상도 사투리가 아니다

호두나무

어릴 때 나는 호두나무였다
열매라고는 달랑 호두 두 알뿐
사철 푸르른 소나무 숲,
대나무 숲이 되우 궁금하였다
우리 집에 종종 마실을 오던
큰 기와집 공호 형 아버지랑
이웃 마을에서 하숙을 하던
당진 고모네 창순이 누나랑
어머니까지도 덩달아 그러셨다
녀석, 증말루 지집애처럼
이쁘정허게두 생겼다, 라고
열매라고는 달랑 두 알뿐인
내 호두나무 호두를 따서
날다람쥐처럼 아드득 깨는 모양과
정말 맛있게도 냠냠거리는 시늉에
지켜보는 이들은 모두 깔깔거렸다
어쩌면 달랑 두 알뿐인 호두를
영영 뺏기고 마는 것만 같아

얼마나 억울하고 속상하던지
방죽 둑에 캄캄하게 앉아
엉엉 울어 버린 적 몇 번 있지만
이따금 잠자리에서 만지작거리던
내 호두나무 호두 두 알은
항상 그대로 매달려 있었다

안전한 금빛

도가니에 풀무질을
해 본 사람들은 잘 알리라
달걀 저 금,
안전한 금빛
미쁜 노른자위를
흰자위가 보호 중이다
암탉을 일컬어
꼬꼬댁이라 한다
꼬꼬댁 꼬꼬들의 눈치
제법 약삭빠르다
술빵처럼 꿈에 부풀던 양계장,
홍성댁도 울상이고
서산댁도 울상이다
요즈음 달걀 값이
똥값이라고 한다
바로 그 똥값과 금값은
담쌓고 벽치는 이웃으로
오늘 달걀

한 개 값이
금가루 먼지쯤 하겠지만
하늘에 해가 있어
세상은 따뜻하다

촌수

나는 숫자에 어둡다 덧셈 뺄셈에 어둡다
낯가림도 심하지만 곱셈 나눗셈엔
더 캄캄하다 고소공포증이 더 큰 문제다
갚을 셈 받을 셈이 발등의 불일 때에
어느 저물녘 담뱃불이듯 보다 먼저
갚을 셈을 비벼 끄고자 하는 것이다
결코 손해 보며 삶을 살고 있다는 말 아니다
어쩌다가 모처럼 본향本鄕에 가면
일가친척의 낯내는 무릎끼리 몽긋거리는
촌수 따지는 일에 숫접게도 진땀이 난다
팔촌 십촌이야 풋낯 아는 사이로
앞질러서 말하자면 그 이상은 잘 모른다
부부 사이를 일컬어 무촌無寸이라고
그 휑한 말뜻을 한쪽 귀로 듣고
한쪽 귀로 아프게 쏟아 버린 적 있다
그 사람과 헤어진 지 만 5년이 지났고
나 홀로 지내다 보니 훤히 알 것 같다
부부로 맺어 함께 살 때도 무촌이고
이미 헤어져 남남이 되어서도 무촌이다

고뿔에 붙여

지루한 장마가 끝났다 집 안을 정리하다가 누기에 감염된 지난해 가계부를 보일러실에서 발견하였다 어찌된 셈일까? 깨알 같은 아내의 글씨가 부지런을 피울 줄로 알았더니만 눈 씻고 찾아도 찾을 수가 없고 쥐 오줌이 낯선 지도를 그려 놓아 곰팡이 난 빵 부스러기와 쥐똥 서너 개 어울리고 있다 지금 보일러실로 연결된 뒷마당 담장에는 배가 고픈 도둑고양이 한 마리가 쌍심지에 불을 켜고 어슬렁거리지만 아직은 사나운 발톱과 이빨을 드러내 보이지 않았다 벌써부터 비만이듯는 카드빚은 찌든 횃대에 즐번한 옷걸이의 어떠한 옷도 맞지 않을 것이다 어둑한 마음 답답한 가슴을 술로서도 시로서도 풀지 못하거늘, 그 답답한 가슴이 세종대왕을 쑥쑥 뽑을 수 있는 현금인출기라면 얼마나 좋이 너끈히 해결할 수 있을 것인가 그래, 그래, 울화가 치밀면 병이 된다고 했다 죄 없는 선풍기 바람만 탓하다가 서늘한 그림자가 내 몸에 섞이는 줄을 감쪽같이 몰랐다 반갑지 않은 손님이라고 내쫓을 수도 없고 지그시 눈을 감고 누워 있노라니 내 몸이 내 마음에 둥둥 떠 있다

김칫국을 끓이다가

배추김치를 알맞게 썰어 넣고
콩나물을 다듬어 잘 씻어 넣고
두부와 생선묵을 썰어 넣고
대파를 숭숭 썰어 넣고
마늘 몇 톨 곱게 다져 넣고
큰 냄비에 국을 끓이다가
오늘 나는 김칫국이라 일컫는데
은근슬쩍 딴죽을 걸고 싶어지네
대파, 마늘, 소금은 그렇다 치고
콩나물이 왜 콩나물국이 아니냐고
부글부글 속을 끓이는 걸 보았네
두부가 왜 두붓국이 아니냐고
부글부글 속을 끓이는 걸 보았네
생선묵이 왜 생선묵국이 아니냐고
부글부글 속을 끓이는 걸 보았네
벌써 밥을 지은 경력이 7년이네
짬뽕도 얼큰한 동명반점 잡탕밥처럼
차라리 잡탕국이라고 하면 좋을 것을

콩나물과 두부와 생선묵이
얼마나 서운해 할지 이해가 되네
만약에 국거리 소고기 몇 그램을
예쁘게 먼저 썰어 넣었다고 치면
소고깃국이라 불러야 하는지,
그래도 김칫국이라 불러야 하는지
줄곧 마음속에 품어온 그녀에게
반드시 한번 물어보고 싶네

아이 하나 있네

내 나이 예순한 살이
결코 자랑일 수가 없네

몸에 걸친 옷이 아니네
반짝이는 장식이 아니네

지긋한 어른이 되어서도
도무지 나이를 먹지 않는
철없는 아이 하나 있네

그 아이가 한 번도
할아버지라 부른 적 없으니
손자녀석일 리 만무하네

내겐 아들이 없네
딸애 둘도 아직 미혼이네

아버지라 부른 적도 없으니

늦둥이일 리도 만무하네

많기도 하고 적기도 한
예순한 살 내 나이에
불구하고 아이 하나 있네

가을 풍경, 오후

고추밭 고추와 고추잠자리가
가을 풍경에 참 잘 어울리네

고추밭 호두나무 한 그루,

아무리 생각해도 고추와 호두는
영 어울리지 않을 것 같은데

호두나무 위 저 날다람쥐에
돌팔매질을 하는 오후,

친구 손자 백일 사진을 보니
붓날리는 욕심이 걱정으로 바뀌네

과년한 내 딸아이 둘은
언제쯤 시집을 갈 것인지

자식 농사에 되우 소홀했던

애비 가슴이 헛간이듯 휑뎅그렁하네

파란 하늘과 흰 구름 몇 점이
가을 풍경에 참 잘 어울리네

풀을 매다가

꽃밭이라고 해야 할지
풀밭이라고 해야 할지
꽃밭을 매다가
아니, 풀밭을 매다가
깜짝 놀라
자칫 장미 가시에 찔릴 뻔했다
정말 오랜만에 만난
사마귀 한 마리가
내 팔등에 매달려 있다
내 몸에 사마귀 하나
지레 겁먹고 숨죽이고 있어
아이들의 사마귀 위에 올려놓으면
야금야금 갉아 먹는다는
풀빛 사마귀와
잠시 딴청을 부리다가
울음으로 비우고 비운
매미 허물을 보게 되었다
매미는 살이 울음이요

피가 뼈가 울음이었다
스산한 내 마음의 풀과 함께
거지반 풀을 매 가다 보니
이제 풀밭이 아니라
꽃밭이라 해도 좋겠다
동백나무의 유두乳頭들도
몸살의 아픔으로 크기 시작하다

벗어 놓은 안경

한 스무날 원고지 위에 벗어 놓은 내 눈의 안경에
이슬 같은 눈물방울,
안개 자욱한 뻐꾸기 소리

주말 오후

왕매미의 바다 울음에 왕거미가 그물을 치다

하늘의 알

해를 본 지가 오래다

꾸물거리는 장마,

방금 먹구름이

마치 암탉의 똥구멍이듯

살짝

알을 내비치고 있다

꿈꾸는 날개

쇠똥 굴려 쇠똥구리

쇠똥 공을 굴리고

달맞이꽃 달맞이

달 떠오를 때에

산에서는 숲이

꿈꾸는 날개인 것을

해바라기 바라기

해 떠오를 때에

숲에 시를 쓰던 바람

그만 잠이 들기도

하느님의 글방

책 바위 책이 몇 십만 권은 족히 되리라

한 페이지, 또 한 페이지,

채석강을 출렁출렁 넘기는

바람의 지문은 예부터 잘 알고 있으리라

천 년, 또 천 년에 걸쳐서

'아는 것이 힘이다' 라고 독서 삼매경에 빠져

한 페이지, 또 한 페이지,

저 저렇듯 출렁이는 파도 파도 소리 보아

아아! 저절로 감탄을 자아내는

구경꾼들 울긋불긋하고

지은이 및 발행인이 하늘 하느님이신 듯

저 책 높이 가득한, 그런 글방 하나 갖고 싶구나

다리가 예쁜 여자를 보면

다리가 예쁜 여자를 보면
반드시 알맞게 익은 엉덩이를
알맞게 올려놓고 있네

쉬잇, 배암!
석유 먹은 듯 석유 먹은 듯
꽃대님 같다던 배암!*

계절의 속눈썹을 추켜올리며
이 세상 모든 여자들은
뱀이라는 이름에 질겁하지만

숲 속을 두려워하지 않는 사내들은
마음의 혀를 날름거리며
딴청 휘파람을 불기도 하네

오호라! 오늘이 토요일!
씻은 무 같다든가**
느낌표 같다든가

풀이 죽어 골목을 돌다가
내 눈의 불꽃, 불꽃 본능이
다리가 예쁜 여자를 만났네

따라오세요, 어서 따라오세요,
히브리어 엉덩이 글씨를 쓰는
개미허리의 꽁무니바람을 좇으며

게걸스런 성욕을 뽐내는
거미 한 마리 묶어 놓고
그녀의 망사 스타킹 한 켤레 짜려 하니

어느새 하루해가 뉘엿뉘엿
서산 너머에 발간
머플러를 떨구며 땅거미 지네

---

* 서정주 시 「화사」에서 인용.
** 홍윤숙 시 「장식론」에서 인용.

밭, 그리고 씨앗

배추가 여자이고
무가 남자라니
말도 안 돼
되는 말을 해야지

어느 시인이
얼토당토않은 생각을
민들레 홀씨
흰 갓 털이듯
바람에 흩날리며
허리 굽혀 일도 하지 않고
새참, 새참,
술타령이나 하다가

제 얼굴
붉은 생각은 하지 않고
하느님이 주인인
홍시 한 개
몰래 따 먹으려다가

헛기침 소리에
흠칫 놀란
바로 그 순간이듯

시치미 뚝 떼고는
서녘 노을 곱다
참 곱다, 라고 목이 메어
입술의 침에
슬픔을 바르더라니

남자가 하늘이고
여자가 땅이라니
말도 안 돼
되는 말을 해야지

여자가 밭이고
남자가 씨앗이라니
말도 안 돼
되는 말을 해야지

비빔시를 쓰고 싶다

전라도 하면 가장 먼저 전주가 떠오르고
전주 하면 가장 먼저 비빔밥이 생각난다
전주에 가면 곳곳에 전주비빔밥의 원조 눈에 띄어
토박이 아니면 진짜 원조를 찾기가 어렵다
돌이켜 보면 흰 쌀밥에 왜간장을 넣고
살살 비벼 먹던 때가 따듯한 것 같다
뒤돌아보면 시커먼 보리밥에 고추장을 넣고
싹싹 비벼 먹던 때가 얼얼한 것 같다
나 꼬맹이 시절 읍내 저자마당 약장수는
울타리 나무처럼 몰려든 구경꾼들 중에서
아이들은 가라, 어서 빨리 집에 가서
꽁보리밥에 고추장을 듬뿍 넣고
빨갛게 비벼 먹어라, 라고 내쫓곤 했다
지금 내가 배가 고픈 것이 아니라
좋은 시가 고파서 하는 말이지만
아날로그시, 디지털시, 디카시 하며
누구랄 것도 없이 파릇파릇 앞서 나가는 마당에
시의 고향은 서정이다, 라는 외고집으로

갖가지 나물에 고추장과 참기름을 넣곤
참 살갑고 참 정겹게 비벼 먹을 수 있는
전주비빔밥 같은 비빔시를 쓰고 싶은 것이다

용서하시라!

심근경색증으로 입원한 아우 문병을 갔다가
서울 아산병원에서 구족 화가 전시회를 보았다
입으로 붓을 물고 그린 그림 훌륭하거니와
발가락에 붓을 끼고 그린 그림 또한 훌륭했다
창창한 세상과의 싸움이 아니라
자신과의 싸움 망망 바다이듯 처절했겠다
승자도 패자도 아닌 그들에게 있어서
기쁨의 명암은 얼음처럼 얇고
슬픔의 명암은 얼음처럼 두꺼웠다
12시, 땡! 지하 식당가에서 물끄러미 보아하니
먹기 위해 사는 사람들이 문병을 가고
살기 위해 먹는 사람들이 병자들인 것 같았다
반드러운 병원, 왜 그처럼 붐비는가 모르긴 해도
용서하시라! 앞으로 터무니없는 시를 보고
발가락으로 써도 그것보다는
더 잘 쓸 수 있겠다, 라고
맹세코 그런 말을 절대로 하지 않겠다
부끄러운 몸과 맘이 엘리베이터를 타고
그대로 하늘에 오를 수 없을까를 생각했다

거짓말의 원조

누구 혹시 말 탄 거지를 보았는가?
거짓말의 원조는 거지라네
거지가 말을 탄다, 라는 말이
내 장담하건데 거짓말의 원조라네
정말 그렇지 않고서야
거짓말을 거짓말이라고 했겠는가
아니 땐 굴뚝에 연기 날 리 없고
거짓말도 다 까닭이 있을 것이네
거지는 항상 배가 고프다네
먹으면 싸고 먹으면 싸고
먹고 먹어도 금방 배가 고프다네
거지 뱃속에 항상 거지 들었다네
그래서 그렇기 때문에 거지라네
늘 때에 절고 너주레한 옷을 입고 사는
거지 거지 상거지가
어느 옷가게 쇼윈도 앞을 서성거리네
어깨너머 글 겨우 깨우쳤으므로
바르르 떠는 손가락이 50% 세일을 짚어 내네

거지는 어차피 빈털터리라네
그래서 그렇기 때문에 거지라네
세일 100% 하는 옷가게를 찾아
정처 없이 떠날 수밖에 없다고 하네
거지발싸개 같은 요지경 속 세상에
반값은 있고 왜 공짜가 없느냐고 투덜거리네
어리석은 사람일수록 거짓말이
아니라는 거짓말에 잘 속는다네
베풀 줄 아는 이치를 깨우치게 하니
오히려 고맙게 여겨야만 한다고
잔디밭 축구공 같은 자부심을 갖고 있다네
당신께서도 잘나가시던
창창한 한때가 있었노라 흰소리 치네
살다 보면 귀동냥도 좋은 동냥이라네
거짓 말발굽의 편자를 갈아 끼우곤
언젠가는 거짓말의 갈기와 꼬리에
빨, 주, 노, 초, 파, 남, 보, 고무풍선을 매달고
빵빵 터뜨리기도 하면서

말[馬]의 천국인 제주도에 갈 작정이라네
당신의 몽고반점 원조를 찾아
칭기즈칸의 나라 몽골에 갈 생각이라네

혹시 누구 말 탄 거지를 보았는가?

봉오리와 봉우리

단군전 앞 돌계단 가에 앉아서
내 첫사랑을 빼닮은 아가씨가
5월 장미꽃처럼 활짝 웃네
방금 꽃봉오리를 가리켜 꽃봉우리,
산봉우리를 가리켜 산봉오리라 일컫네
물론 알아듣기 나름이지
크게 틀린 말은 아니네
질겅질겅 풍선껌을 씹으며
충청도 서산 사투리가 아니라
요, 요, 요, 서울말로 까치걸음을 치다가
경상도 사투리와 귀 잡고
가볍게 입맞춤,
전라도 사투리와 볼 잡고
가볍게 입맞춤 했겠네
누가 내 말을 하는지 귀가 가려운 것이
명색이 시인이라는 자가
봉오리와 봉우리에서
지진 현상의 혼란을 겪고 있다니

아무려면 우리 어머니의 가난에게
봉오리인 좋은 한때,
우리 아버지의 어둠에게
봉우리인 좋은 한때가 없었을까

그래, 나도 시인(?)

지금까지 시라고 써 오면서 원고지와 바둑판이 되우 흡사하다는 생각을 줄곧 떨치지 못하고 있네

이웃 마실을 다니는 일보다 누워 뒹굴며 게으름을 피우는 일이 더욱더 아늑하여 보름달 같은 접시에 저녁노을을 옮기고자 하는 때에

티브이 뉴스에서 2003 삼성증권배 바둑 조치훈 9단 우승, 그 기쁜 소식을 듣게 되었네

남이라는 글자에 점 하나를 지우고 님이 되어 만난 사람도

님이라는 글자에 점 하나만 찍으면 도로 남이 되는 장난 같은 인생사

참 무량한 슬픔에 젖어 울먹이며 홀로 노래 부르던, 어젯밤 우리 일행 옆방의 노래방 그녀는 과연 누구일까?

세사에 시달려도 번뇌는 별빛이라

문득 조지훈 시인, 시의 9단쯤 되리라는 생각에 미치는,

그래, 나도 시인(?)

스스로 점수를 높이 주어도 짐짓 겸손이 아니라 나와 또 다른 내가 겨루는 오목 수준이 아닐는지 적이 쑥스럽고 안타깝기 그지없네

본존불을 닮았다고 하니

오늘도 반갑게 맞아 주는 수진 스님,
다과를 마련할 요량으로 잠깐 자리를 비운 사이
수도사 요사채 응접실에 걸린
서산용현리마애여래삼존상 사진을 바라보며
동행한 김송하 시인이
내게 일컬어 영락없이 본존불을 빼닮았다고 능치며 웃네
또 그 소리를 듣네
서울에서 『진단시』 동인 모임이 있을 때마다
신규호 시인 유승우 시인이 종종 하는 말이고
다른 사람들로부터도 가끔 듣게 되는 말이네
서산용현리마애여래삼존상 본존불을 닮았다고 하니
나야 물론 더없는 영광으로
태어나 자란 서산에 눌러살기에 좋이 누리는 덕담이겠지만
본존불께 누가 되지는 않을지 걱정이고
보살입상과 반가사유상께도 정말 송구스런 노릇이네
경허 스님 만공 스님 벽초 스님이

또 다른 사진틀 속에 나란히 계시네
야, 이놈들아! 공부해라, 공부해! 라고 외치면
덕숭산이 쩌렁쩌렁 울린다는 수덕사 벽초 노스님께서
서산용현리마애여래삼존상 본존불의 미소를
감히 닮았다고 하는 그 불경죄를 물어
죽비로 내 머리를 내려치며 불호령을 내릴 것만 같네
그 소리를 들을 때마다
빨간 모자 동자승들이 배꼽을 잡고 깔깔거리는 것만 같아
전라남도 천봉산 대원사에 가면
머리로 치는 왕목탁이 있다고 하니
단숨에 달려가 내 머리로 쳐 보고도 싶네
전생의 나는 백제 시대에
손재주 많고 그림 솜씨에 빼어난 벗이 있어
앞서거니 뒤서거니 가야산 고란초를 보려고 따라나섰다가
마애여래삼존상 백제의 미소를 돋을새김할 때에
곁에서 내가 그 벗 시중을 들었던 것 같네

황소의 노래

천안 운보찻집에서 녹차 한잔 시켜 놓고 바보 산수화가 김기창 화백의 〈청록산수〉 보아, 소를 타는 아이를 만나네 조선 시대 단원 김홍도의 〈황혼〉, 소를 타는 노인의 환생이 분명하네 느릿느릿한 더딘 걸음을 황소걸음이라 일컫는 그 사유는 물론 불통하여 되우 고집이 센 사람을 황소고집이라 일컫는 그 사유를 알고 싶네 궁금증을 반추 묻고자 하여 눈 씻고 찾으면 고불 맹사성 어르신 같은 청백리며 정치인을 뵈올 수 있을는지, 어제 오늘 뿌연 모래 먼지 황사 현상에 구름이 없고 해는 해가 아니고 하늘조차 없고 동서남북도 사라졌네 우직스럽고 충직하기만 했던 황소가 황사를 크게 걱정하며 두려워하는 까닭은 눈병과 호흡기 질환이 무서워서가 아니라 구제역에 따른 광우병을 염려하는 때문이네 어찌 보면 황소는 충청도 사람을 닮았고 충청도 사람은 황소를 닮았네 서해 바다 섬을 영락없이 빼닮긴 했어도 고비사막 쌍봉낙타의 겨레붙이가 아니네 어차피 한 번은 죽어야 할 목숨이지만 주검을 두려워해서가 아니라 말 못하는 짐승이라고 더욱 아껴 주며 논밭 궂은일을 시키기는커녕 재산 목록 제1호로 아늑한 우사를 마련하여 애지중지 길러 주신 주인 어르신께 고기 값이 라도, 암! 제대로 해드려야지

용의 꼬리가 될지언정

그대 어리보기, 상상의 동물인 용을 만난 적이 있네 거대한 몸은 뱀과 흡사하고 비늘로 덮여 있었네 어느 늪인지 호수인지 바다인지는 잘 모르겠지만 분명한 것은 안개가 걷히니 꿈이라는 것뿐 언감생심 빛을 발하는 여의주에 욕심이 생겨 정신을 팔다니 비늘 하나 얻으면 과거의 손거울이 될 수 있을 텐데 비늘 하나 더 얻으면 미래의 손거울이 될 수 있을 텐데 그대 어리보기, 하늘에서 구름과 바람을 일으키는 용을 본 적이 있네 천둥 울고 번개 치던 바로 그날, 장대비를 피해 표구점에 잠시 들렀다가 청룡과 흑룡이 뒤엉켜 싸우는 광경을 목격했네 설령 누군가의 의협심이 넥타이며 손목시계를 풀어 놓고 그 족자에 성큼 들어서는 용기를 펄럭인다고 해도 청룡과 흑룡의 싸움을 결코 떼어 놓을 수가 없겠네 어쩌면 침을 튀기는 말이 될는지는 알 수 없지만 콩 심은 데 콩 나고 팥 심은 데 팥 나듯이 용은 용이고 뱀은 뱀이네 원숭이가 사람이 될 수가 없고 사람이 원숭이가 될 수 없듯이 뱀은 용이 될 수가 없고 용은 뱀이 될 수가 없네 『진단시』 동인지 테마 시를 계기로 에둘러 너스레를 떨며 괴나리봇짐에서 이야기 끈을 풀고 있는 깜냥의 속뜻을 굳이 곧이곧대로 밝히고자 하면 그대 어리보기, 어지럽고 스스러운 문단에서 용의 꼬리가 될지언정 뱀의 머리가 되고 싶지 않네

작품 해설

자연의 시학

권 경 아

(문학평론가 · 한양대 강사 · 『시현실』『리토피아』 편집위원)

1.

박만진의 시세계는 인간과 인간의 삶이 자연의 일부로 존재한다는 인식을 시적 형상화를 통해 보여 주고 있다. 현재 우리가 쓰고 있는 자연이라는 말은 그리스어 'physis'를 번역한 라틴어 'natura'에서 유래된 것으로 의식에 대하여 독립적으로 존재하는 자연, 즉 객관적인 자연이라는 근대의 자연 개념이라 할 수 있다. 근대의 자연 개념에서는 자연이 인간과 인간 사회와 대립하는 개념이라면 박만진의 자연(自然, nature)은 자연과 인간은 생명적 자연의 일부이며 동질적으로 조화로운 내재적 관계라는 그리스의 자연관을 바탕으로 한다. 그의 시에서 자연은 인간 및 사물의 고유한 성질, 즉 본성, 본질을 의미하며 인간을 포함한 하늘과 땅, 우주 만물, 원래부터 그대로 있었던 것, 또는 우주의 순리를 뜻하는 것이다. 박만진의 시에서는 인간과 인간의 삶은 생명적 자연의 일부로 존재하며 자연에 녹아들어 그 자체로 자연이 되는 과정이 선명하게 드러나고 있다.

박만진은 첫 시집 『빈 시간에』서부터 인간과 인간의 삶, 그리고 자연의 관계에 천착하는 시세계를 보여 주었다. 이러한 시적 인식은 이후 『슬픔 그 껍질을 벗기면』 『물에 빠진 섬』 『마음은 고요하고』를 지나며 심화되는 양상으로 나타나다 『내겐 늘 바다가 부족하네』에서 시적 인식의 새로운 전환점을 맞게 된다. 인간과 인간의 삶에 시인으로서의 삶을 자연의 일부로 받아들이는 시적 인식이 드러나기 시작한 것이다. "산은 산이요, 물은 물이듯 시詩는 시라야 한다."(『내겐 늘 바다가 부족하네』 '시인의 말' 중에서)는 것은 산과 물이 저마다의 본질을 드러내듯 시 또한 고유한 본질이 있다는 시적 인식에서 비롯된 말이라 할 수 있다. 자연의 순리에 따르는 삶을 살고자 하여도 항상 "목숨의 불을 켜고 목숨의 불을 태우"는 시, 혹은 삶이 마음에 남아 있다. "바다와 가까이 있음에도 내겐 늘 바다가 부족하네"(「내겐 늘 바다가 부족하네」)라는 진술 속에는 끓어오르는 시에 대한 욕망이 잘 드러나 있는 것이다. 시인의 마음속에 살아 숨 쉬는 시에 대한 욕망을 박만진은 '자연'으로 인식하고 끌어안는다. "늘 부족한 서정과

늘 부족한 바다를 채우고자 나는 계속하여 시를 쓸 작정이다." 라는 시인의 말은 시를 쓰는 시인의 삶이 곧 자연의 순리임을 깨닫고 있는 것이라 할 수 있다.

박만진의 새 시집『오이가 예쁘다』에서는 인간과 인간의 삶, 그리고 시인으로서의 삶이 곧 자연의 일부라는 인식이 확대, 심화되어 나타나고 있다. 인간과 인간의 삶, 그리고 시가 곧 자연이라는 인식을 시적 형상화를 통해 자연스럽게 녹여내고 있는 것이다. 인간과 자연의 대립을 넘어 자연의 근원에 심층적으로 다가가고 있는 시, 현재를 살아가는 인간의 삶을 자연의 아름다움으로 바라보는 시, 시를 통해 시인 스스로 자연이 되는 시. 이것이 박만진의 '자연의 시학' 이다.

2.

기를 쓰고 피는 꽃 못 보았고
억지로 흐르는 물 보지 못했다
개울물이 흘러 강에 이르고
강물은 마침내 바다가 된다
개울과 강과 바다는
서로 다른 몸이 아니라 한 몸이다
개울은 강의 윗도리며
바다는 강의 아랫도리다
강이 개울물을 받아들이니
제가 저를 받아들이는 것이요

강물이 바다로 흘러가니
제가 저한테로 흘러가는 것이다
—「개울과 강과 바다」 전문

자연은 인간 및 사물의 고유한 성질, 즉 본성, 본질이라는 박만진의 자연 인식이 잘 드러난 시가 「개울과 강과 바다」이다. 이 시는 개울이 강이 되고 마침내 바다에 이르는 과정을 잔잔하게 그리고 있다. "기를 쓰고 피는 꽃" 보지 못했으며 "억지로 흐르는 물" 또한 보지 못했다. 꽃이 피는 것이 자연의 순리이듯 개울이 강이 되고 바다가 되는 과정은 '억지' 가 아닌 자연스러운 순리이다. 시인은 그것을 "서로 다른 몸이 아니라 한 몸" 이기 때문이라 말하고 있다. 강이 개울물을 받아들이는 것은 "제가 저를 받아들이는 것" 이고 강물이 바다로 흘러가는 것은 "제가 저한테로 흘러가는 것" 이다. 개울이 강이고 강이 바다이기에 그들 사이에는 어떠한 저항도 없는 것이다.

"개울은 강의 윗도리" 이며 "바다는 강의 아랫도리" 이다. 개울과 강과 바다는 자연이라는 한 몸이기에 흐르고 흘러 하나가 되는 것이 자연스러운 순리, 곧 우주의 순리가 된다. 그것이 바로 자연의 본성, 본질인 것이다.

우리 집 마당은 하늘이 넓어
천수만을 찾는 겨울 철새들이
ㅅ자로 날아간다

무심코 흰 구름을 바라보다가
ㅅ자를 슬그머니
사람人 자로 고쳐 읽는다

오로지 창조주가 주인인 겨울 철새,

간월호에서
부남호에서
느긋하게 목욕을 즐기는 장관을 보아

어디서 오고
어디로 갈 것이냐고 묻지 마라

뜨는 해 마중하는 동사東寺가
지는 해 배웅하는 부석사浮石寺가
저기 섬인 듯한, 저 산에 있다

날고 싶어 하는 바람이야
어찌 붓날리는 사람뿐이랴

날고자 하는 숲이
날고자 하는 돌이
저기 산인 듯한, 저 섬에 있다

—「도비산 · 1」 전문

시인의 자연관 또한 「도비산 · 1」에서도 잘 나타난다. 시인의 마당 하늘에 천수만을 찾는 겨울 철새들이 날아간다. ㅅ자로 대열을 지어 날아가는 철새들을 보며 시인은 “ㅅ자를 슬그머니 사람人 자”로 읽어본다. 철새와 인간은 그저 우주의 생명일 뿐. 서로 다르지 않은 것이다. “어디서 오고 어디로 갈 것이냐고 묻지” 말라고 시인은 말한다. 오로지 자연의 순리, 우주의 순리에 따라 가고 또 올 뿐이다.

이러한 시인의 자연관은 도비산을 통해서도 드러난다. 섬이 날아와서 산이 되었다는 전설을 지닌 도비산은 섬이며 또한 산이다. “저기 섬인 듯한, 저 산”, “저기 산인 듯한, 저 섬”. 섬이며 산인 도비산은 우주 만물이 생명적 자연의 일부라는 시인의 자연관을 드러내는 상징으로 등장하는 것이다.

섬이 날아와 산이 되었다는 전설을 지닌 도비산을 보며 시인은 “날고 싶어 하는” 인간을 생각한다. 비상의 꿈을 단지 인간만이 지니겠는가. “날고자 하는 숲”, “날고자 하는 돌”을 모두 도비산이 품고 있다고 시인은 말한다. 비상의 꿈을 통해 우주의 만물이 하나로 화합되고 있는 것이다.

> 달밤 달빛이 하 아까워 잠 못 이룬 그 다음 날이네 안개 자욱하고 꿈인지 생시인지는 잘 모르겠지만 세월이란 마을에 이르니 낯설기도 하면서 마냥 낯설지가 않았네 이승이라고도 하고 저승이라고도 하는데 안개 걷히니 빛나는 날씨였네 시냇물 흐르고 새 노래하고 꽃이 웃는가 하면 바람도 알맞게 불었네 목월 시인의 「나그네」를 홍얼거리며 구름에 달 가듯이 길을 가고 있는데 여보게, 길손! 하고 불러 세우는 이가 있어 뒤돌아보니 수양버들이 왕골로 짠 방석을 내주며 세상 얘기나 잠깐 나누자고 하네 처음부터 대

뜸 자네라고 말을 놓으며 혹시 조선 시대 수양 어르신을 아느냐고 넌지시 물어 오네 티브이 드라마에서 몇 차례 보긴 했어도 수양대군이 세조라는 것뿐 깊이 아는 바가 없다고 얼버무려 대답하니 손가락 빗질로 긴 머리칼을 쓸어 넘기며 참 싱거운 사람 다 보겠다고 껄껄 웃어 젖히고 나서는 밥벌이가 아니라 취미로 관상을 좀 볼 줄 안다고 떠벌리네 일찍이 아버지를 여의고 고생 참 많이 했겠다고 덥석 손을 잡으며 다짜고짜로 수양아들이 되어 함께 살자고 하네 도대체 내 나이가 몇인 줄 알고 새파란 녀석이 수양아버지 노릇을 하겠다고 하느냐라고 냉큼 똥침을 놓듯이 핀잔을 주니, 그렇다면 자기를 수양아들로 삼아 함께 살면 되지 않느냐고 굳이 조르는 것이네

—「수양버들」 전문

「개울과 강과 바다」가 자연, 사물의 본성, 본질을 노래하고 있다면 「도비산 · 1」과 「수양버들」은 인간과 자연의 경계가 무화됨으로써 인간과 자연이 하나가 되는 과정이 잘 드러나 있다.

나그네가 되어 길을 가는 시인을 수양버들이 불러 세운다. 취미로 관상을 본다는 수양버들은 쉽지 않았던 시인의 삶을 읽어 내고 손을 내민다. "다짜고짜로 수양아들이 되어 함께 살자" 하는 수양버들의 말에 시인은 "내 나이가 몇인 줄 아느냐" 고 핀잔을 주지만 "그렇다면 자기를 수양아들 삼아 함께 살면 되지 않느냐" 조르는 것이다. 이 시에서 수양버들과 시인은 자연과 인간이라는 대립의 관계가 아니다. 시인은 수양아들이라는 관계를 통해 자연인 수양버들과 인간인 시인의

경계를 허물고 있는 것이다. 이 시에서 수양버들과 시인은 둘이면서 하나라 할 수 있는 아버지와 아들의 관계가 됨으로써 자연과 인간은 동질적으로 조화로운 내재적 관계가 되고 생명적 자연의 일부로 존재하게 된다.

3.

그동안 박만진의 시에 대해 논의된 것 중의 하나는 그의 시가 주로 꽃, 나무, 풀, 산, 바다와 같은 자연과 농촌의 삶을 노래하고 있으며 이는 그의 생활 근거지가 농촌을 배경으로 하고 있는 것과 관련이 있다는 것이다. 그러나 여기에서 유의해야 할 점은 그의 시에 나타나는 자연은 단지 꽃과 나무, 산과 바다와 같은 소재적 차원의 자연이 아니라는 것이다. 박만진의 시에서 자연은 대상으로서의 자연물뿐 아니라 인간과 인간의 삶, 그 자체를 의미하는 것이다. 물론 그가 대상으로서의 자연물을 주로 노래하는 것은 그의 삶이 농촌을 배경으로 하는 소도시를 중심으로 이루어지고 있는 것과 관련된다. 그러나 이러한 것이 농촌과 도시의 삶을 대립 관계로 인식하고 있다는 것을 의미하지는 않는다. 그의 시에서 문명의 도시적 삶과 농촌의 삶은 서로 다른 자연의 일부로 존재한다.

3량과 4량 문 열렸다 닫히고
승객들도 듬성긋하고

지금 참 한가로운 시간대에
전동차 안을 둘러보니
어림잡아 7할이
풀을 바른 편지 봉투이듯
눈을 붙이고 있다
마치 꿈나라 집배원인 양
진짜 장님 하나
조그만 하모니카 불며
빈 바구니 들고 지나가고
3할의 승객들조차
신문을 보거나
옆 사람의 신문을 넘겨다보거나
잡담을 나누거나
이런저런 생각을 궁굴리며
애써 외면하여 태연하다
언제나 북적북적한
특별시 서울에서는
지금 이 한가로운 전동차 안이
어느 아늑한 찻집보다도
한층 더 편안한 것을,
혹시 나 말고 또 누구
느슨하게 즐기는 이 있을까

—「혹시 또 누구」 전문

위 시에서 시인은 서울의 전동차에 몸을 싣고 있다. 전동차 안을 둘러보니 7할은 눈을 붙이고 있고 3할의 승객은 신문을 보거나 잡담을 나누거나 이런저런 생각에 빠져 있다. 하모니

카를 불며 빈 바구니를 들고 지나가는 걸인의 모습까지. 시인은 전동차 안의 풍경을 세심하게 담아내며 지금 이곳이 편안하다고 말하고 있다. 북적대고 복잡한 서울에서 "지금 이 한가로운 전통차 안이 어느 아늑한 찻집보다도 한층 더 편안"하다는 것이다. 시인은 서울의 평범한 일상 속에서 자유로움을 느끼고 있다. 복잡한 서울에서 잠시의 한가로운 풍경. 그것은 지친 일상의 잔해일 수도 있으며 익명의 사람들 속에서 낯선 이질감으로 다가올 수도 있다. 그러나 시인은 이러한 낯선 도시의 풍경 속에서 또 다른 평온을 느끼고 있다. 그의 자연관에 의하면 이러한 낯선 도시의 풍경마저 자연스러운 삶의 모습이며 인간의 모습이다. 이 시는 박만진이 노래하는 자연이 농촌과 도시의 경계를 넘어 인간과 인간의 삶, 그 자체를 의미한다는 것을 잘 드러내고 있는 시라 할 수 있다.

세상이 내게 어둠이듯
뿌리를 내리고 있고

언제나 궁금증에
? 란 자물쇠가 있어

! 의 열쇠를 찾아
반드시 열어야 할

지나온 생의 마디마디가
대나무 마디 같기는 하지만

대나무처럼 곧다거나
푸르다는 것이 아니고

궁금증을 말하라 하면
? 를 그려 놓고 콧노래를

내가 세상에 강물이듯
뿌리를 내리고 있고

언제나 호기심에
? 란 자물쇠가 있어

—「! 의 열쇠를 찾아」 전문

인간이 자연의 일부이듯 인간의 삶 또한 자연의 일부다. 그러나 "세상이 내게 어둠이듯 뿌리를 내리고 있고", "내가 세상에 강물이듯 뿌리를 내리고 있" 다. 세상과 시인은 서로에게 뿌리를 내린 관계, 곧 한 몸과 같다. 그러나 시인 앞에 펼쳐지는 인간의 삶은 선명한 모습으로 드러나지 않는다.

이 시는 삶에 대면하는 인간이 갖게 되는 온갖 삶의 의문을 '?, !' 라는 문장부호를 통해 그려 내고 있다. 삶의 의문은 물음표(?)로 떠오른다. 그 의문을 풀 열쇠는 무엇인가. 시인은 느낌표(!)라 말하고 있다. '?' 와 '!' 는 자물쇠와 열쇠라는 겉모양을 닮아 있다. 그러나 여기에서 시인이 삶의 의문을 풀 열쇠를 '!' 라 표현하고 있는 것은 겉모양이 닮았다는 것과 함께 삶의 의문을 '느낌' 으로 풀 수 있다는 이중의 의미를 함의

하고 있다. 삶에 대면하여 인간이 느끼는 모든 것, 그것이 바로 '느낌' 이라는 것이다. 어떠한 인위적인 가감 없이 자연스럽게 느껴지는 '느낌' 은 시인에게 삶이 되고 그러한 삶의 느낌은 또 시인의 시가 되고 있다. 시인 박만진이 인간에 대해, 삶에 대해 느끼는 모든 것들이 바로 박만진의 시라 할 수 있는 것이다.

귀뚜라미 울음소리에 맞춰
시계 처음 초침은 째깍거렸으리라

풀숲 이슬에 젖은 새벽 귀뚜라미,

—뭐 그리 바쁜 것인가?
—무엇에 놀란 것인가?
—무엇에 쫓기는 것인가?
—무엇을 말하는 것인가?
—무엇을 알리는 것인가?

결코 어둡지 않은 내 귀가
이렇듯 쓸모가 없을 줄이야

혹시 다음 이 세상을 살게 된다면
시를 짓는 일과 더불어
곤충들의 소리 뜻이며
새들의 지저귀는 노랫말이며
짐승들의 말귀에 밝아

번역을 하고
통역을 하는
그런 일로 밥벌이를 하고 싶구나

일찍이 저 세상에 계신 울 엄니
그래, 돌아가셨으니 돌아오리라

—「새벽 귀뚜라미」 전문

새벽 귀뚜라미는 끊임없이 노래하며 이야기하고 있다. 무슨 이야기를 하고 있는 것인가. 시인은 그들의 소리가 궁금하다. 시인은 "곤충들의 소리"와 "새들의 지저귀는 노랫말"과 "짐승들의 말귀"에 밝아 그들의 소리를 "번역을 하고 통역을 하는 그런 일로 밥벌이를 하고 싶"다고 말하고 있다. 시인이 곤충들의 소리와 새들의 노래와 짐승들의 말을 번역하고 통역하여 표현한다면, 물론 그것은 시가 될 것이다. 시인이 이 시의 일부를 이번 시집의 '시인의 말'에 놓고 있는 것은 그러한 "밥벌이"가 시를 짓는 일이 되기를 바라는 소망을 품고 있기 때문이다. 이 시는 자연과 인간의 소통을 통해 인간이 자연의 일부가 되기를 소망하고 있다. 또한 시인으로서의 존재 인식을 강하게 드러내고 이러한 존재 인식을 시적으로 형상화함으로써 시를 통해 자연으로 다가가고 있다고 할 수 있다. 자연을 이해하고 자연을 노래하는 시인이 됨으로써 스스로 자연이 되고 있는 것이다.

4.

박만진의 '자연의 시학'은 전통적인 서정의 양식으로 표출된다. 시적 주체의 열정적 감정을 어떠한 인위적 가공 없이 가장 순수하게 표현하는 양식으로서 시인이 선택한 것이 서정이다. 서정에 대한 시인의 관심과 애정은 시작 초기부터 일관되게 나타나며 이번 시집에서 자연에 대한 인식이 심화, 확대되어 나타난 것과 같이 서정에 대한 인식 또한 심화되어 나타난다.

나 꼬맹이 시절 읍내 저자마당 약장수는
울타리 나무처럼 몰려든 구경꾼들 중에서
아이들은 가라, 어서 빨리 집에 가서
꽁보리밥에 고추장을 듬뿍 넣고
빨갛게 비벼 먹어라, 라고 내쫓곤 했다
지금 내가 배가 고픈 것이 아니라
좋은 시가 고파서 하는 말이지만
아날로그시, 디지털시, 디카시 하며
누구랄 것도 없이 파릇파릇 앞서 나가는 마당에
시의 고향은 서정이다, 라는 외고집으로
갖가지 나물에 고추장과 참기름을 넣곤
참 살갑고 참 정겹게 비벼 먹을 수 있는
전주비빔밥 같은 비빔시를 쓰고 싶은 것이다

—「비빔시를 쓰고 싶다」 부분

시문학에서 서정은 18세기까지 장르라기보다는 다양한,

그리고 운율적으로 규정된 형식들의 느슨한 집합체를 지칭하는 것이었다. 서정시는 "열정적 감정의 직접적 표현"이라 정의한 헤르더의 개념에서 시작되어 헤겔과 피셔를 지나는 동안 주관성 이론으로 정의되었고 람핑에 의해 현대적으로 체계화된다. 박만진의 서정시는 인간과 인간의 삶은 생명적 자연의 일부라는 그리스의 자연관을 바탕으로 감정 · 감성, 혹은 열정을 직접적으로 표현함으로써 현대 서정시의 전형을 보여 주고 있다.

"아날로그시, 디지털시, 다키시 하며 누구랄 것도 없이 파릇파릇 앞서 나가는" 현실에서 시인은 "시의 고향은 서정이다"라는 신념을 버리지 않는다. "갖가지 나물에 고추장과 참기름을 넣곤 참 살갑고 참 정겹게 비벼 먹을 수 있는 전주비빔밥 같은 비빔시"에 대한 시인의 감성과 열정은 인간과 인간의 삶, 그리고 시가 곧 자연이라는 시세계를 만들어 내고 있다. 박만진의 '자연의 시'는 자연을 노래하며 스스로 자연이 되고 있는 것이다.